부드러운 게 좋아

미네르바 시선 081

부드러운 게 좋아

강성희 시집

미네르바

■ 시인의 말

파란 하늘에 비행기가 날아간다
은빛 비행기를 반짝반짝 쫓아가는 아이
놀이터에
운동장에
아이들 웃음소리 넘쳐나면 좋겠다
비행기구름 위를
굴렁쇠를 굴리며 따라간다

2024년 가을
강성희

■ 차례

1부 꽃멀미

꽃멀미	19
놀이터 1	20
놀이터 2	21
모교 운동장	22
아이들 웃음소리	23
재롱둥이 할미	24
토마토 잔치판	26
살구나무가 돈다	28
숲속 마을 꽃 잔치	30
어우렁그네	32
얼음 거울	33
행복한 도시	34
쥐눈이 약이래	35
고추 말뚝	36
고추 방아	38
어미라는 것	40
씨 뿌리는 강아지	42

2부 부드러운 게 좋아

첫사랑	47
제일 좋은 날	48
함박웃음	49
양푼으로 비벼요	50
부부의 밥상 2	52
몸으로 쓰다	53
연시 익어가듯	54
그래도 홍시는	55
고것이 궁금하다	56
스마트 배달	57
물가	58
손님	59
부드러운 게 좋아	60
호박고지	61
스마트 키	62
마주보며 걷는 사랑	64
시월이 오면	66

3부 옥잠화

옥잠화	71
꽃 웃음	72
밤고구마	73
곶감 사촌	74
열대야	75
채식주의자	76
돌바위골	77
산사에 온 부자	78
성문협문학기행	80
화폐 가족	81
들판에 도는 젖물	82
모내기	83
춤추는 들판	84
벼 베기	86
맹이와 꽁이	87
깔방석의 할아버지	88
화려한 나들이 계획	89

4부 새들의 목욕탕

새들의 목욕탕　　　　　　　　　　93
자벌레를 품은 꽃잎　　　　　　　94
회양목　　　　　　　　　　　　　95
양탄자꽃밭　　　　　　　　　　　96
반쪽을 만나다　　　　　　　　　 97
듣고 있니?　　　　　　　　　　　98
끄나풀　　　　　　　　　　　　　99
허공을 낚다　　　　　　　　　　100
잔칫날　　　　　　　　　　　　101
간식거리　　　　　　　　　　　102
오해　　　　　　　　　　　　　103
그대의 식탁　　　　　　　　　　104
게거품　　　　　　　　　　　　106
단비　　　　　　　　　　　　　108
폐타이어의 꿈　　　　　　　　　109
금광저수지에서　　　　　　　　110
안성천의 속울음　　　　　　　　111

■ 해설 | 잃어버린 고향에서의 추억을 되살리기 위하여 113
_ 이승하(시인, 중앙대 교수)

1부

꽃멀미

꽃멀미

하늘 한 번 올려다보고
빙글빙글

자배기 한 번 내려다보고
뱅글뱅글

안마당에 뛰어놀던 강아지
장독대를 오가며 맴돌이한다

봄바람 타고 흩날리는 꽃잎
오지자배기 위로 하르르

꽃잎 따라가던 강아지 눈이 그만
뱅그르르 꽃멀미가 났네

놀이터 1

덩그러니

....

놀고 있는 놀이터

놀이터 2

살아있는 조형물
구붓이 앉아 있는 노인

모교 운동장

청군 백군 500명이 달린다

100명이 달린다

전교생 10명이 소꿉놀이

풀들의 소꿉놀이

아이들 웃음소리

삑 삑 삐익 삐익~

빼곡히 채워 놓은 헛간
깊숙한 곳에서 들려오는 소리

나뭇동을 마지막까지 들어내서야
모습을 보이는 어미와 병아리들

기필코 내 새끼를 가질 거야
손닿지 않는 곳까지 파고든 굴속

아침마다 달걀 꺼내 가는 손이
얼마나 미웠을까

아이 낳기 싫어하는
아이가 짐이 되는 사회

재롱둥이 할미

옹야 옹야
입 모양으로 얼굴 표정으로 어르다가
궁둥이가 들썩들썩
온몸으로 장단 맞춘다

백일이 지난 아이의 웃는 소리
옹알이에 장단 맞추며
아이의 재롱에 빠진 할미

할아버지 배에 등 기대어
까르르 까르르
추임새를 넣는 아기

두 손 펴 들고 으쓱으쓱
엉덩이는 씰룩쌜룩
아이가 되어 재롱떠는 할미

아기 한 번 쳐다보고
엄마 한 번 쳐다보고
두 재롱을 흐뭇하게 바라보는 딸내미

〈
딸내미와 곁눈질
아이를 추스르며
너털웃음 터트리는 아빠

토마토 잔치판

위잉~ 윙, 솟구치는 믹서기
후드득 흩뿌려지는 토마토 조각들

한가득 채워 넣은 컵
투둑 툭, 버튼을 누르자마자
기다렸다는 듯 회오리치며 솟아오른다

엄마야, 아기 감싸안는 딸내미
이기 뭐꼬, 벌러덩 나자빠지는 마누라
이크, 식겁하여 코드 뽑는 사위
키득키득, 신난다
미끄럼 타며 쭉쭉 핥아먹는 손주 녀석
허허허, 잔치판 제대로 벌렸네

봐라, 부착이 제대로 안 됐잖아
휘둥그레 딸내미 바라보는 사위
천장부터 바닥까지 토마토 세상
머리 얼굴 온몸이 울긋불긋
〈

헤헤헤, 함지박만 하게 벌어진 입
믹서기가 배꼽을 잡고 나뒹군다

살구나무가 돈다

　-쩝쩝, 콕콕 꿀맛이야

아귀아귀 구유 채 씹어 먹을 기세
돼지 등에 올라탔던 암탉도
술지게미를 쪼아 먹는다

　-이야, 나 슈퍼맨이야

앞으로 기우뚱기우뚱
떨어지지 않는 네 발
몸뚱이로 날아가 기둥을 들이박는다

　-꼬꼬댁, 나는 우아한 백조야

옆으로 흔들흔들
한 다리만 들었다 놨다
대가리 꼬라박고 뱅글뱅글

　-저 사람들 와 저리 돌고 있노
　-봐라, 살구나무도 돌고 있데이

〈
똥 바닥에 벌러덩 자빠지는 슈퍼맨
배 위에 대가리 처박는 백조

숲속 마을 꽃 잔치

숲속 마을에 잔치 열렸네
모락모락 국수나무 산자락에

지난밤 두르르 갈무리하여
돗자리 한가운데 양푼으로 놓인 보름달
솔바람이 떨군 이팝나무꽃 한 소쿠리
도라지꽃 물고 오는 동고비
민들레꽃 안고 오는 노랑나비
꿀단지 들고 온 꿀벌
뚝 떼어 넣은 파란 하늘 한 조각
소담스레 담겨진 꽃밥을 내놓는다

면사포구름이 펼친 손차양 아래
정갈한 연미복 산제비나비
뽀샤시 단장한 흰나비
'쪼―옥' 소리 나야 해요, 쪽나무 부추김에
앵두 빛으로 익어가는 신부 얼굴
알콩달콩 살아요, 주례는 살구나무
사회는 눈망울 초롱초롱한 방울새
축가는 붉나무 장단에 꾀꼬리

〈
호오르르 호오이 휘파람새
어우렁더우렁 꽃 잔치 열렸네

어우렁그네

활처럼 치솟은 개나리 가지 위
마주보고 내려앉은 참새 두 마리
불어오는 산들바람에 갸우뚱갸우뚱
이내 몸을 붙이고 어우렁그네

날개 접고 나는 허공
마주보는 눈빛에 달아오른 몸
그네 밀어주는 바람을 핑계 삼아
폴짝폴짝 꽁지 위로 오르락내리락

빈집이 는다는데
학교가 없어진다는데
몸집은 작아도 짹짹거리며 알은 잘 낳는다는 참새
올해도 참새 학교는 만원이겠다

얼음 거울

말긋말긋 동그란 눈
아기 버들치 두 마리

서릿바람에 오들오들
물풀로 숨어들고

두 팔 펼치는 살얼음
온몸으로 물낯을 감싼다

된 바람세 잦아들고
포근한 햇살이 퍼지자

맑은 거울에 비치는 낮달을
톡톡 하얗게 쫀다

행복한 도시

알 닭 고기 닭
어미돼지 고기돼지
젖소 고기소

수컷 없이 낳는 무정란
인공수정으로 새끼를 낳는 소 돼지
부드러운 고기를 위하여 거세되는 수컷들

거세된 남자만 사는 도시
아이 낳는 여자만 사는 행복한 도시

쥐눈이 약이래

하필이면 쥐눈이콩*이라니
완두콩 울타리콩 콩나물콩
예쁜 이름도 많은데

의심 많은 쥐 한 마리
구멍에서 고개 내밀고
요래조래 눈알을 굴린다

몸에 좋다 소문이 나면
뱀 개구리 씨가 마른다는 말
익히 들었겠다

―쥐눈이 약이래

부부의 대화를 엿듣고는
날 살려라 줄행랑을 친다

* 서목태鼠目太, 작은 검정콩의 일종으로 효능이 좋아 약콩이라고도 불린다.

고추 말뚝

모판에서 옮겨 심은 어린 모
땅내 맡아 너풀거리는 잎사귀
첫 마디에 매달린 방아다리 애기고추
누가 볼까 손차양으로 입속에 넣는 그녀

마디마디 매달리는 고추
작은 바람에도 흔들리는 고춧대
솔솔바람에 바람날까 말뚝을 박는다

풋고추는 아삭한 맛으로
약 찬 고추는 삭여가며
붉은 고추는 고명이나 양념으로

살랑살랑 실바람이 흔들어도
맵고 매운 고추바람에도
줏대 없이 흔들리지 말고
꿋꿋이 내 밭 지키소

허름한 고무줄 바지 두르고
커다란 말뚝 움켜쥔 여인네

심통을 부리듯 쿵쾅쿵쾅
대가리가 뭉개지도록 말뚝을 박는다

고추 방아

술지게미 빨아먹고 빙글빙글
고추 말뚝에 앉은 고추잠자리
건들바람에 날개를 움찔움찔
되록되록 굴리는 눈알

꼬리를 올렸다 내렸다
턱을 올렸다 내렸다
막대기처럼 뻗쳐오르는 등줄기
이내 방아를 찧는다

다리 끝 잡힌 방아깨비
끄덕끄덕 방아를 찧듯
꼬리 쳐들며 턱방아
고개 쳐들며 꼬리 방아

말뚝 대가리가 뭉그러지도록 방아를 찧어대자
애기 고추 어른 고추 축 늘어진 희나리*까지
온 밭에 고추가 덩달아 불끈불끈
방아깨비보다 빠르게 방아를 찧는다
〈

콩콩 쾅쾅
중모리 중중모리에
자진모리 휘모리장단 방아질
한나절 만에 뻘겋게 익는 고추밭

* 희아리의 사투리. 약간 상한 채로 말라서 희끗희끗하게 얼룩이 진 고추.

어미라는 것

삐익 삐이익 호랑지빠귀 쇳소리
새벽의 등줄기를 후벼 파고
구욱 구우욱 불콰한 멧비둘기
막걸리 같은 소리 토해낸다

남의 둥지에 알 까질러 놓고
뻐꾹뻐꾹 딸꾹딸꾹
목메어 해종일 딸꾹질
듬듬 듬듬 말문 막혀
가슴 두드리는 벙어리뻐꾸기
호호호호 호호호호
반쯤 정신 나간 검은등뻐꾸기

어이하나 어이할 거나
내 새끼 밀어내고
밥 달라 졸라대는 놈
머리통 빠개지는 붉은머리오목눈이

다 살자고 하는 일인데 우얄꼬
집 짓고 키울 시간 부족한 나그네새인 걸

호오르르 호오이 이냥 저냥 살아가요
휘파람새가 뽑아내는 정선아리리

씨 뿌리는 강아지

화염이 휩쓸고 간 백두대간
시커멓게 타버린 나무 벌겋게 드러난 속살
답답한 도심지를 벗어나
목에 씨앗 주머니 매달고 뛰어노는 강아지

산을 타는 강아지 '산타독'*
시원스레 달리는 언덕
가파른 벼랑을 기어오르고
바위 등성이를 넘나든다

강아지 발길 따라 고갯짓 따라
바람결에 흩날리는 작은 씨앗들
껍질 터져나간 맨살에 자리 잡고
타버린 밑동부리에 내려앉는 생명들

내년에는 언덕 봉우리 곳곳
싸리꽃 도라지꽃 흐드러지고
너풀거리는 곰취 더덕
산새들 산토끼 어서어서 돌아오렴

* 한국유기동물보호협회에서 2022년 강릉과 안동 산불 피해지역에 '반려견과 씨앗 뿌리기' 행사를 개최하였다.

2부

부드러운 게 좋아

첫사랑

50년이 지나도 익지 않는 풋사과

새록새록
세월이 갈수록 또렷또렷

앵두 빛 같은 키스
혀 밑에 남아 있는 씨 하나

평생을 삭혀도 아린 것

제일 좋은 날

좋은 날
개구리복으로 집에 가는 날

더 좋은 날
장기간 입원 후 퇴원하는 날

제일 좋은 날
항암치료 후 완치 판정* 받는 날

* 항암치료 끝난 후 재발 없이 5년 넘으면 안정기에 접어들었다고 함.

함박웃음

고향집에서 시집온 지 30년
기분 좋으면 해마다 피고
토라지면 몇 년이고 속을 보이지 않는다

새끼손가락만한 크기
알뜰살뜰 또박또박 분갈이
언젠가부터 데면데면 보낸 날들

한동안 옹그려 눈길 주지 않더니
파란 하늘에 두둥실
건드리면 떠오를 듯 피워낸 문주란

안쓰럽고 애틋한 그녀
가슴까지 다 내보이는 함박웃음
아내의 얼굴에도 꽃이 피었다

양푼으로 비벼요

아름드리 살구나무 아래 펼친 돗자리
한가운데 떡하니 자리 잡은 양푼
이팝나무꽃 쌀밥 한 소쿠리 쏟아 넣고

뻘쭘하니 쭈뼛쭈뼛한 콩나물무침
살짝 데쳐 쌉싸래한 오가피나물
겨우내 항아리에서 득도한 묵은지 볶음
가을볕에 꾸덕꾸덕 말려 둔 가지나물, 호박오가리

매콤한 집고추장 한 주걱 푸욱 퍼 넣는
왕언니 대장금의 우렁우렁한 목소리
갖은 나물 정갈하게 챙겨 넣는 깔끔이 단발머리
손으로 상추 쭉쭉 찢어 넣는 순박이 아지매
곱살스레 입으로만 거드는 공주님이 귀엽다

한마음으로 보듬어서리 잘 앵겨보그라
매끄롬허게 참기름 뿌려가며 쓱싹쓱싹
새초롬한 맏며느리의 맛깔나는 손맛
앞앞이 놓인 구수한 된장국, 시원한 열무김치
〈

몽실몽실 붕어빵 같은 뭉게구름 아래
초록빛 오월의 돌바위골 봄나들이
안경 쓴 훈장님의 해맑은 웃음소리 싱그럽다

부부의 밥상 2

노각 숭숭 썰어 벌겋게 버무린 양푼
삶은 애호박 무칠 때도
가지를 무칠 때도
얼굴보다 커지는 아내의 밥그릇

오늘은 내가 가로챈다
아내의 밥까지 쏟아 넣고
달래장 한 숟가락 푸욱

물끄러미 바라보던 아내
툭툭 힘줄 불거진 손으로
도라지꽃 한 줌 따다 얹는다

밥상으로 옮겨온 꽃밭
살랑살랑 따라오는 호랑나비
새콤달콤 부부의 밥상

몸으로 쓰다

서실에 날아든 학 한 마리

십 년 되어서야
손에 힘이 빠졌다는 아내

사십 년 곧추세운 허리
몸으로 끌고 다니는 붓

들판을 휘감는 날갯짓
비행운처럼 화선지에 피어나는 획

연시 익어가듯

찬바람 맞은 알감
잘 추린 볏짚

짚 한 켜
감 한 켜
알알이 앉혀
올려놓은 대바구니

달궈진 돌너덜길
사금파리 같은 세월
떫은맛 게워내고
시렁 위에 숙성되는 연시

겨우내 연시 익어가듯
사랑도 익어간다

그래도 홍시는

으이그~
구름 한 점 없는 날
하늘에서 새똥이 대머리를 강타

어이쿠~
선들바람 부는 날
알밤 줍는 뒤통수에 떨어지는 밤송이

아이구야~
비 오는 날 제비는
우산 속으로 날아들어 물찌똥 실례한다

세 가지를 겪은 나

감나무 밑에 앉아 쉬는데
농익은 홍시가 함께 앉은 아내
어깨에 철퍼덕

나는 운이 좋은 걸까 나쁜 걸까

고것이 궁금하다

'서방님'
남편을 부르는 호칭

처음에는 하나였는데
둘째 셋째…… 자꾸 늘더니
서방님이 여섯까지 늘어난 큰형수

도련님으로,
삼촌으로 불리다가
이젠 서방님으로 불리는 나

마누라는 기분에 따라
서방님이 하나였다가
큰 서방님 작은 서방님 마음대로 늘어난다

나에게 만일
큰마누라 작은마누라……
마구마구 늘어난다면

우르르 쾅쾅 맑은 하늘에 천둥이 치고
핑그르르 눈앞에서 지구가 한 바퀴 돌겠지?

스마트 배달

'톡톡'
스마트 주문 완료

'띵동'
빛의 속도로 배달

한입에 꿀꺽
두 손 가득 쏟아내는 쓰레기

소파에 앉아
스마트키를 누른다

편한 만큼 쌓여가는 일회용품
비닐 플라스틱 스티로폼 **뽁뽁이**

물가

뼛속을 비워 하늘을 나는 새
주머니를 비워 가벼워지는 장바구니

내려올 줄 모르는 물가
날개를 달았다

63빌딩 전망대 240m
가볍게 넘어서고

롯데월드타워 전망대 500m
곧 따라잡을 테야

나는 새도 떨어뜨린다는 전설의 활잡이
나는 물가도 쏘아 떨어뜨렸으면

손님

창문 밑 작은 살피꽃밭
손님이 다녀가셨다
파이고 뜯긴 실뿌리
매발톱꽃 금낭화

낯선 곳에서도 잘 적응하기를

손님이 다녀가셨다
새롭게 심겨진 달맞이꽃 국화

뿌린 기억이 없는데
솟아나는 맨드라미 채송화

그래 새들도 손님이지

부드러운 게 좋아

무쇠솥에 눌어붙은 누룽지
양철판에 탁탁 벌어지는 콩
바삭하게 볶은 멸치
파근파근한 밤고구마

탁구공처럼 통통 튀어 오르는 아이들

번들거리는 머리에
눈 폭탄까지 맞고 나니
부드러운 게 좋아

삶은 콩
물고구마
말씨도 마누라도

호박고지

추녀 밑에 걸려있는 늙은 호박고지
두근대던 봄날을 생각하듯
짐짓 눈이 가늘어진다

바람쟁이 꼬마 신랑 꿀벌들
숯검정으로 분장한 호박벌 찾아오고
살랑거리는 호랑나비의 날갯짓
말쑥한 숲속의 신사 산제비나비에
온몸으로 불태운 꽃의 시절

한여름 시퍼렇게 솟구치는 식욕으로
걷잡을 수 없이 불어난 몸뚱이
늦가을까지 빨아들인 햇살에
건들바람의 농지거리

추녀 밑에 길게 늘어져
봄날의 뜨거운 열병
여름날의 왕성한 식탐을
구덕구덕 비워내고 있다

스마트 키

열림 버튼
잠금 버튼
도대체가 먹통인 스마트 키

운전석
조수석
손잡이를 당겨보아도 꿈쩍 않는 문

문 앞에 세워 둔 자동차
사람보다 똑똑하다는 AI
전원이 약하다는 경고 한 번 없었는데
인공지능은 무슨 놈의 인공지능

투덜투덜 전지 교체하러 가는 길
한 집 건너 길 가장자리
밝게 빛나는 은회색 낯익은 자동차
대문짝만하게 들어오는 번호판 000 0031
옆으로 다가가자 스르륵

-안녕하세요 주인님

〈
백미러가 펼쳐지며 인사한다
역시 AI
스마트 키가 최고야

마주보며 걷는 사랑

잠시도 눈길 뗄 수 없어
마주보며 걷는 농게
앞으로 걸어도 뒤로 걸어도
나란히 걷는다

사르르 쏟아지는 달빛
앞서거니 뒤서거니 뛰어내리는 별들

울퉁불퉁 알통 자랑
제 몸보다 큰 집게발*로
우지끈 끌어안는 가위손
뽀그르르 거품 속에 은밀한 입맞춤

한 곳만 바라보며 걸어온 부부
소금밭처럼 질펀하고 짠 세월

김장배추 한가득 절여놓고
널브러져 잠이 든 아내
농게의 사랑이 익어가듯

삶에 찌든 손 슬몃 잡아본다

* 큰 농게는 갑각 길이 20mm 갑각 넓이 32mm이며, 수컷의 한쪽 집게발은 50mm에 이른다.

시월이 오면

투명한 유리판 앉은뱅이 탁자 위
맑은 화이트와인 담겨 있는
볼이 좁고 목이 긴 잔
장미꽃 이파리 하나 띄운다

아득한 세월의 수평선 위에 한 점
붉은빛으로 내려앉는 풋풋한 시간들
어항 속 금붕어 노닐듯 어설픈 입맞춤
단발머리 매달고 내달리는 까까머리
바큇살 촘촘한 자전거 두 바퀴를 따라
미루나무 푸른 언덕을 총총히 넘어온다

긴 꿈에서 깨어난 오리가 깃을 치며
잔잔한 아침을 물질하는 저수지
수면 위에 반짝이는 윤슬
알갱이 한 알 한 알 굴리며
수많은 날들 떠나가고

찬바람에 흰머리 나부끼는
억새의 희끗희끗한 시간

차가운 별빛으로 떨고 있는 너의 입술
장미보다 붉은 입맞춤으로
식어버린 가슴에 불을 지피리

3부

옥잠화

옥잠화

동살*에 사붓이 벌어져
배시시 웃고 있네

시골집에서
분양해 온 지 30년

'곱다 참 곱다'
마주 앉아 소곤거리던 어머니

지난밤
별빛처럼 다녀가셨나 보다

* 새벽에 동이 틀 때 비치는 햇살.

꽃 웃음

조릿조릿
밤새 졸인 마음

살랑살랑
고향이 그리운 해당화 꽃잎

갯바람 들이치는 언덕배기
해변으로 가요

차창 위에 내려앉아
살포시 졸라대는 꽃 웃음

밤고구마

갈바람에 툭툭 떨어지는 알밤
호미 끝에 딸려 나오는 고구마
파근파근한 밤고구마

비봉산 들머리 작은 황토밭
고구마 캐는 젊은 부부
주먹만 한 놈을 내민다

쏟아지는 햇살 메마른 흙덩이
새카맣게 타들어가는 잎
여름내 배낭으로 나른 물병

반으로 쪼갠 하얀 박속
가슴에 한가득 함지박만 한 웃음
맨살 드러내는 웃음이 오간다

곶감 사촌

돼지 불알은 '날 잡아 잡수' 사타구니에 매달리고
견공들은 '나 좀 살려 주' 꽁무니 빼는 중복
에어컨에서 3미터만 벗어나면 찜질방

텁텁하고 떫은 땡감
겨우내 항아리에서 익혀
냉동고에 보관된 홍시

수도꼭지에 샤워시키면
사르르 옷 벗는 그녀
입에 한번 넣어 보시라

곶감은 호랑이도 무서워한다는데
더위 쫓는 귀신 곶감 사촌
빨갛게 녹아내리는 천연 아이스크림

열대야

밖에는 열병
실내는 냉방병
가슴은 울화병

에어컨 돌아가는 만큼
실외기가 쏟아내는 열기
골목길은 짜증의 도가니

밤이 되어도 식지 않는 불기둥
이리 뒤척 저리 뒤척
애꿎은 냉장고만 기웃기웃

까짓것 화끈하게 엉덩이 내어주자
그래 봤자 열 대야 열 대,
열흘 지나면 말복이야

채식주의자

악착같이 달라붙는 흡혈충
제 몸의 3배를 빨아들이는 놈

불만 끄면 윙~ 윙~
문을 열어야 하나 닫아야 하나
땀이 줄줄 흐르는 여름밤
갈등이 시작된다

지난밤에는 내 옆에서 친구가 맞아 죽었어
배가 터져 죽었지
그래도 포기할 수 없어
알을 낳으려는 암컷은 단백질이 필요해

우리의 주식은 과일과 나무즙
이래 보여도 채식주의자야

돌바위골

돌바위골 동막골 새재 웃돌파지 갈뫼기 개모퉁이
선바위 웃까막골 웃사슴골 부엉이골 검은배 꽃밭

소나무골 대나무골 오동나무골 버드나무골 밤골 매화골 복숭아골
맑은샘골 구름골 꽃동네 별빛마을 선비골 용머리 삼밭 진밭

윗동네 아랫동네 앞동네 뒷동네
정겨운 이름들

석암 동막 조령 상석파 간목 가협
입암 상현동 상록동 봉안동 현수동 발화동

송산리 죽산리 오산리 가유리 율곡리 매산리 도곡리
옥정리 한운리 방초리 성은리 필산리 용두리 마전리 이전리

하마 근엄하신 행정 명칭들

산사에 온 부자

복달더위에 엿가락처럼 늘어지는 염불 소리
인적 드문 산사에 그랜저 한 대 들어선다

기름 발라 올백으로 빗어 넘긴 남자
먹물보다 짙은 선글라스 여자
먹음새 좋아 보이는 아이 둘

불전함에 넣어지는 빳빳한 봉투
환하게 밝아지는 법당
염불 소리 높아지고
추녀 밑 풍경 소리 덩달아 낭랑해진다

때마침 점심시간
주고받는 덕담 속에 얼굴이 함지박만 해진 스님
봄날에 알뜰히 장만한 것들 아낌없이 내놓는다
취나물 고사리나물 다래나물 두릅장아찌……

승용차가 떠난 후 열어본 봉투
꼴랑 천 원짜리 한 장
헛헛한 스님의 웃음소리

〈
톡 하고 머리통을 때리는 땡감 하나

성문협문학기행

이기 뭐꼬
이른 출발로 잠이 덜 깬 버스
고시랑고시랑 통영 가는 길 공룡휴게소
맨 앞 글자가 사라졌다

—공룡이 '안'자를 삼켜버렸네요

지난주에 새로 받아온 버스라며
호들갑을 떠는 기사 양반
황급히 모니터를 조정한다

청마문학관 동산에서 바라보는 통영 앞바다
어머니 품처럼 펼쳐진 아늑한 바닷길
섬과 섬을 넘나들며 푸른 말이 달린다

박경리 김춘수 문학관에 들러 돌아오는 신탄진휴게소
화장실에서 몸무게 줄이고 찾은 버스
주차장 입구 빨간 버스는 그대로인데
다시 앞 글자가 사라진 모니터

—그래도 '협'자가 '란'자로 바뀌지 않았으니 다행이죠

화폐 가족

퇴계와 율곡
어제는 금강경을 듣고
오늘은 찬송가를 듣는다

세종대왕
맛집에서 채우는 허기
찻집에서 마시는 그녀 입술 커피

신사임당
신혼부부의 축가를 듣고
빵빵한 기름통 신나는 드라이브

박물관으로 거처를 옮긴
무궁화 거북선 다보탑

벼 이삭 고개 숙인 들판을
휘감는 날갯짓, 학익진이 펼쳐진다

들판에 도는 젖물

콰르르 콸콸 쏟아지는 물줄기
용트림하는 봇도랑

부석부석 메마른 논
벌컥벌컥 들이켜며
거친 숨을 토해낸다

해산한 어미 젖 돌듯
부풀어 오르는 논바닥

여린 모 뽀샤시한 실뿌리
암팡지게 파고들면 아흐,
젖니에 깨물린 어미의 탄성

부르르 몸을 떠는 들판
구욱 구우욱 멧비둘기 울음 따라
뿌연 젖물을 뿜어낸다

모내기

써레질 마친 논
어기적어기적 거미 한 마리

자로 잰 듯 오가며
푸른 실을 뽑아낸다

부드러운 젖가슴
암팡지게 모를 꽂는 이앙기

한 땀 한 땀
초록 비단을 짠다

춤추는 들판

가을볕에 고슬고슬 익어가는 나락
거침없이 달려온 들바람이 휩쓴다
속 찬 벼들이 눕고 일어서며
하나로 이어지는 물결
휘청이는 몸들이 멈추는 순간

바람은 몰려와
더욱 세차게 등을 치고
벼들이 읽어내는 바람의 악보
허수아비 손짓 따라
온몸으로 펼치는 춤사위

불볕을 끌어안고 채운 속살
이삭으로 밀어내고
들판을 뒤덮는 붉덩물
숨 막히던 여름날을
속울음으로 토해낸다

싸르르 싸르르
낟알 부딪는 소리

벼메뚜기 날아들고
참새들이 군침 흘리는 들판
벼들이 너울너울 춤을 춘다

벼 베기

사르륵사르륵 벼 이삭 부딪는 소리
아람 벌어 통통하게 영근 들판

빙글빙글 돌아가는 맴돌이
사려놓은 타래 끝 물고
벌레 한 마리 기어간다

실낱처럼 여린 모 보살피며
아이 돌보듯 키워낸 벼
사각사각 베어 무는 콤바인
가슴 한가득 쏟아내는 알곡

야금야금 끝자락마저 삼키면
빈 들에 채워지는 바람
시퍼렇게 건너온 여름날들
찰진 웃음소리 들려온다

맹이와 꽁이

비 온 뒤 도랑 풀숲에
맹꽁이 운다

맹 맹 맹 ~
꽁 꽁 꽁 ~

'맹' 소리만 내는 맹이와
'꽁' 소리만 내는 꽁이

한번 울고 나면
한번 기다려 준다

지휘자가 없어도 어긋남이 없는 합창
맹꽁 맹꽁 ~

모듬뜨기 배부장나리
여의도 맹꽁이들

맹맹 꽁꽁 ~
꽁멍 멍멍 ~

깔방석의 할아버지

똬리처럼 새끼를 둘둘 말아 만든 뒤트레방석
밥알 뜸이 드는 아궁이 앞에서
잠시 엉덩이를 내려놓는 어머니

쪼그리고 앉은 안마당
통통히 여문 콩을 깔 때면
짚으로 두툼히 엮은 두트레방석이 한몫한다

항아리 뚜껑으로 올라앉았다가
부엌에서 마당에서
노곤한 엉덩이를 받쳐주던 깔개

플라스틱 방석을 엉덩이에 매달고
밭일을 하는 농부들
짚으로 만든 트레방석*은 깔방석의 할아버지

* 짚으로 나선 모양으로 틀어서 만든 방석. 뒤트레방석은 똬리처럼 작게 만들어 부엌 바닥에 깔고 앉는다. 두트레방석은 크고 두툼하게 만들어 헛간이나 마당에서 깔고 앉아 작업을 한다.

화려한 나들이 계획

앗싸! 기왕이면 하루 연차를 써야지
모처럼 맞이하는 징검다리 연휴
주말 대체휴일을 겸한 어린이날 어버이날
싱글벙글 화려한 나들이 계획

−엄마, 날도 궂은데 아버지한테 가요

눈치 없이 쏟아지는 봄비에
급히 계획 변경
결혼 안 한 남동생까지 불러
현충원으로 아버지 뵈러 간다

이례적인 고온 끝에 싸늘한 빗길
비 맞은 새 새끼처럼 오들오들 떠는 아들놈
아버지가 한 말씀하신다

−얘야, 고뿔 들지 말고 어서 가거라
굳이 비 오는 어버이날 오지 말고
화창한 날 간간이 들려주면 좋겠구나

4부

새들의 목욕탕

새들의 목욕탕

비봉산 등성이 넘어가면
새들의 목욕탕이 있다

뽕나무 옆 작은 옹달샘
딱새 방울새 동고비 곤줄박이 직박구리 물까치……
물속에서 푸드덕푸드덕 시원한 날갯짓

드리워진 벚나무 가지 위로 포르르
온몸을 파드닥 물기를 날리고
오른 날개 왼 날개 끌어당겨 깃을 고른다

비봉산 작은 골짜기에는
산새들의 공중목욕탕이 있다

자벌레를 품은 꽃잎

애기똥풀 노란 꽃 파란 암술대
오물오물 병어주둥이 자벌레

까치발로 발돋움질
실그러졌다 샐그러졌다

햇살 한 모금 입맛 다시고
명지바람을 톺아보며 슴벅슴벅

노란 꽃바다 위에 갸웃갸웃
호기심 많은 자벌레 한 마리

회양목

꿀벌 날갯소리를 듣고서야 알았다
네가 피어있다는 걸

찬바람 가시지 않은 이른 봄
아침이슬 놀다간 자리

또릿또릿 눈을 뜨는
연둣빛 작은 꽃잎

너보다 열 배 큰 벌들을 보고 나서야
쪼그리고 앉아 봄을 맡는다

양탄자꽃밭

보도에 펼쳐진 노란 양탄자
지난밤 봄비에 피어난 꽃밭

치자 물들인 떡가루 뿌려놓은 듯
바닥에 피어난 커다란 꽃무리

수나무에 꽃잎 없이 피어난 수꽃
암나무에 꽃가루 날려 보낸 은행나무

빈 꽃자루만 모여 핀
양탄자꽃밭을 본다

반쪽을 만나다

사각사각 입안 가득 설탕이 부서지는 황금빛 배
다른 종種과의 가루받이
꽃가루를 채취 보관하여 인공수분을 한다

냉동고에서 버텨낸 일 년
배꽃이 눈처럼 언덕을 덮으면
뛰는 가슴 신부를 만나러 간다

배시시 웃는 하얀 면사포
암술을 쓰다듬는 붓놀림*
파르르 떨리는 속살

초옵 초옵

꽃가루 빨아들이는 소리
햇살은 후끈 달아오르고
배나무가 촉촉이 젖는다

* 면봉이나 붓에 꽃가루를 묻혀 수정시킨다.

듣고 있니?

산 밑 채마밭
지난밤도 다녀갔다
그제는 무 고랑
어제는 배추 고랑

망연히 바라보는 언덕
고개 치켜든 고라니
온 밭에 널브러진 푸른 이파리
멀뚱멀뚱 순둥이 같은 눈망울

송아지를 닮은 고라니야
온 밭 헤매지 말고
첫 고랑은 네 몫으로
나머지는 내 몫으로 하자꾸나.

끄나풀

울음소리로 꿀벌 집을 안내하는
벌꿀길잡이새

벌집을 부숴가며 꿀을 먹는
벌꿀오소리

한 상 걸판지게 차려진 애벌레
정보의 대가

달콤하고 싱싱한 맛
또 다른 피를 찾아 나서는 밀정密偵

허공을 낚다

바늘도 줄도 없는 낚시
미끼는 개구리 사체
나뭇가지에 미끼 얹어놓고
숨어있는 낚시꾼

먹이를 물어뜯어도
꿈쩍 않는 그림자
목표는 오직 둥지
끈질기게 기다린다

먹이를 물고 돌아가는 땅벌
소리 없이 뒤쫓아
둥지를 낚는 벌매[*]

밤낮없는 잠복근무
조직원의 뒤를 쫓아
근거지를 덮친다

* 개구리나 곤충도 잡아먹지만 주로 땅벌의 유충이나 번데기를 먹는다.

잔칫날

—오늘 아닌가?
—늦기 전에 빨리 가보세

삼삼오오 군침 흘리는 잔칫날
소문이 자자하다

언덕에 자리 잡은 외딴집
지붕 담장 안마당에
일찌감치 찾아온 손님들

손님은 본척만척
잔디밭에 돌아가는 예초기

뒤를 이어 펄떡펄떡 뛰는 벌레들
꿈틀꿈틀 몸서리치는 지렁이

주인은 보거나 말거나
산까치 물까치 지빠귀 참새 딱새……

오늘이 새들의 잔칫날이다

간식거리

끈적끈적 엿가락처럼 늘어지는 밭고랑
불볕에 따끔거리는 등짝
앉은걸음으로 깨를 심는다

한 고랑 두 고랑
검은 비닐 위에 막대기로 쿡 쿡
뚫린 구멍에 밀어 넣는 씨알

이울어가는 햇살 따라 줄어드는 이랑
이마에 손을 얹고 돌아보던 아내가
바람 빠지는 소리를 한다

―아니, 저놈들이

뒤꽁무니 저만치 콕콕
소리 없이 따라오고 있는 비둘기 두 마리

오해

상추 시금치 뿌려놓은 자리
집에 고양이가 파헤쳤다고
타시락대는 윗집 아낙네

주먹만큼씩 파인 구덩이들
아무리 보아도 고양이 짓은 아닌데

이튿날
창문을 통해 내다본 윗집 밭
떼거리로 모여든 참새들
아하, 저놈들이 범인이구나

포슬포슬 부드러운 흙살
깔깔깔 바로 이 맛이야
꼼지락꼼지락 흙 목욕하는 녀석들

그대의 식탁

내가 태어난 곳은 그대의 손끝
한 입 달달한 간식거리
속 다 내어주고 북북, 뜯겨진 껍데기

바람이 나를 몰고 갔어
콘크리트 담벼락 밑 노숙자
그해 여름 비바람에 쫓겨나
강물에 몸을 던졌지

반짝이는 해변에서 만난 하얀 갈매기
빨간 부리로 나를 삼켰고
그녀는 더 이상 날지 못했어

거북이와 펭귄 혹등고래의 뱃속에
작은 분신들을 남겨두고
지구에서 가장 깊은 곳 챌린저 해연*까지 왔어
이곳에도 먼저 온 친구들이 있더군

사탕 봉지, 페트병, 폐비닐
연인이 함께 마신 일회용 컵

돌고래를 감싼 폐그물, 스티로폼 부표

나는 사라지지 않아
잘게 부서질 뿐
그리운 고향, 곧 만나러 갈게
군침 도는 그대의 식탁으로

* 남태평양 마리아나 해구에 있는 해연. 깊이가 1만 893미터라고 한다.

게거품

무얼 잘못 먹었나
이상하다
비틀비틀
똑바로 걷는다

그래 한잔했다
나는 술 마시면 안 되냐
왜 남의 동네 와서 삽질이여
내가 돈을 달랬냐 집을 달랬냐
네 할아비에 할아비들보다
훨씬 먼저 자리 잡고 살았는데
왜 나가라는 겨 왜?
게거품을 물고 앙앙거린다
이빨 솟은 가위를 휘두르는 양손
걸리는 대로 물고 잘라버릴 기세다

나 술 안 취했어
너희들 눈엔 내가 옆으로 걷는 것처럼 뵈지
봐 똑바로 걷고 있잖아
〈

정말이다
방파제를 바라보고 비틀비틀
똑바로 걷고 있었다. 게거품 잔뜩 물고
얼마나 가슴팍을 두드렸으면
눈알이 저리 튀어나왔을까

무지막지하게 들어서는 포클레인, 트럭
갯벌을 파헤치고 돌자갈 들이붓고,
우리 같은 목숨은 목숨도 아니어?
우리끼리 잘살고 있는데 왜 쫓아내고 지랄들이여
에이 나쁜 놈들

단비

봄은 왔는데 멸치처럼 메마른 바람
겨울부터 이어지는 가뭄에 온통 뿌연 먼지
저수지 바닥은 명치끝까지 골이 파이고
말라죽은 붕어 대가리에 파리들 장마당이 열린다

바닥에서 누리끼리 혼절하는 양파 마늘
썩은 동태눈을 끔벅끔벅하는 과일나무 새순
사계절 끊임없이 뻗친다던 수도꼭지는
어미 잃은 병아리 눈물로 질금질금

석 달 굶은 대지에 폭포수처럼 쏟아붓는 빗줄기
벌컥벌컥 막걸리 들이켜듯 게걸스레 뱃구레를 채우는 들판
게슴츠레 졸고 있던 두 눈이 반짝반짝
머리 풀고 일어서서 덩실덩실 초록 춤을 춘다

제한 급수가 뭔 소리래
들판을 봐, 흠씬 젖었잖아
이제 곧추세워 쟁기질만 잘하면
올 농사도 풍년이여

폐타이어의 꿈

지글지글 아스팔트 도로가 녹아내리는 열기
출근 차량을 날려버리는 빙판
반질반질 살덩이가 닳아 없어지도록
뜨겁고 시린 도로에 온몸 부대끼며 살아온 생

빵 한 조각 우유 한 병에 끼니를 때우며
길가에서 새우잠, 쪽잠을 함께 한 주름진 얼굴
대리기사는 겹벌이로 한밤을 달리고
청소부는 가로등보다 더 어둠을 밝힌다

마지막 자존심 철심을 뽑아내고
온몸을 분쇄기에 맡기는 피타이어
신혼부부와 하늘을 날던 구름 운전이 생각났을까
보일 듯 말 듯 미소가 번진다

다음 생은 어느 곳에서 아침을 맞을까
어린이 놀이터 바닥 매트
체육관의 탄력 있는 포장
공원에서 아침을 달리는 탄성 아스콘
나이스 샷을 외치는 골프 퍼팅 매트

금광저수지에서

칠장산에서 서운산으로 이어지는 차령산맥 등줄기
떠오르는 아침 해가 숨 고르며
평택 바다를 바라보는 곳
넘실대는 물결처럼 어머니가 부른다

산 밑 물을 끼고 돌아가는 모롱이
풋풋한 시간을 자맥질하는 오리
갯버들 드리운 박두진 둘레길 따라
명지바람 타고 흐드러지는 연둣빛 웃음소리

저수지 제방에 올라서면
탁 트인 서편 너른 들판
아산만에서 숨 가쁘게 달려온 바람이
제방을 넘어 부챗살처럼 펼쳐진다

황톳빛 굽이굽이 자전거 페달을 밟으며
대해로 떠났던 돌바위골[石巖]* 까까머리
아침 햇살이 뿌려놓은 진주알
소년의 눈망울처럼 반짝인다

* 안성시에 있는 금광저수지 상류 골짜기 마을. 저자가 태어나고 자란 곳.

안성천의 속울음

안성천 상류 개여울
넓적한 돌에 앉아 손을 담근다
두 손 모아 퍼 올린 물
손가락 사이로 빠져나가는 소리들

물굽이에 펼쳐진 작은 모래밭
납작하게 엎드려 갸웃거리는 도마뱀
놀란 가재 꼬리 파닥이며 달아나듯
여울을 거슬러 뒤로 헤엄치는 시간들

똥 덩어리 검정물이 흐르는 축사
악취와 거품을 쏟아내는 하수도
고깃길 가로막는 방조제
하천에서 허옇게 가래 끓는 소리 들린다

자취를 감춘 모래밭
자라, 장어가 떠나간 자리
멱감는 아이들 웃음소리 아득한데
청록색 긴꼬리 검은날개물잠자리
금속광택을 번쩍이며 추억처럼 날아간다

■□ 해설

잃어버린 고향에서의
추억을 되살리기 위하여

이승하

(시인·중앙대 교수)

강성희 시인의 제3시집을 제일 많이 기다린 사람은 이 시집의 해설을 쓰는 이승하란 사람일 것이다. 그의 습작 시절과 등단 과정, 그리고 문학적 성장 과정을 지켜본 사람으로서 다음 시집의 모습은 어떨까, 궁금증을 느끼지 않을 수 없었다. 마침 10월 초, 그의 시집 원고를 받아보게 되었다. 강성희 시인은 정말 성실하다. 등단한 그해에 첫 시집을 내더니 다음 해에 제2시집을, 올해 제3시집을 내고자 하니 온종일 시만 생각하고 시만 쓰고 있나 보다. 이번 시집은 제목 '부드러운 게 좋아'가 많은 것을 얘기해주고 있다.

그의 시에 대해 해설의 말을 하기 전에 우리 민족의 근원

혹은 근본에 대해 먼저 살펴보고 싶다.

　한반도에 사람이 언제부터 살게 되었는지는 모르겠지만 우리는 저 북방의 기마민족과는 달리 큰 강이나 하천 주변에서 농사를 지으며 살아가게 된다. 5천 년 동안 이어진 농경사회에 큰 변화가 오게 된 것이 일본의 침략에 의해서라니 참으로 아이러니한 상황이다. 일단 일제강점기에 돌입하면서 왕정과 봉건제가 무너지고 민주화의 첫발을 내딛게 된다. 일본 덕에 근대적 사회체제와 교육제도를 어느 정도 정비하게 되지만 일제는 태평양전쟁을 일으킨 이후 한반도 전체를 병참기지로 만들면서 민주주의 사회로 나아갈 수 없게 철저하게 탄압하는 정책을 편다. 한반도 전체가 일제의 군량미 조달에 나선 격이랄까, 산미증산계획에 우리 모두 내몰리게 되었던 것이다.

　아무튼 그때까지도 우리 사회는 여전히 농경사회였는데 박정희 장군이 대통령이 된 이후 '工業立國'의 기치를 높이 들고서 도로망의 확충, 공업 단지의 건설, 철강제·자동차·소비재 산업의 지원을 통해 농업사회가 일순간에 공업사회로 바뀌게 된다.

　강성희 시인은 경기도 안성의 궁벽한 한촌인 돌바위골[石巖]에서, 6남 2녀의 일곱째로 태어났다. 그 시절에는 10남매도 있었고 9남매도 있었고 8남매도 있었다. 6남매, 7남매는 흔했다. 하지만 10명이 넘는 대식구가 산골에서 삼시 세 끼 다 챙겨 먹으면서 살아가는 것이 쉬운 일이 아니었다. 강성희 씨가 대학에 들어간 것 자체가 용한 일이었다. 안성농업전문학교 농업토목과를 졸업하고 영광원자력발전소 건설 현장에서 일하다 중동 여러 나라에서 오일 달러에 입각해 건설 붐이 일어나자 사우디아라비아 수로관 건설 현장으로 간다. 귀국해서는 한강 뱃길 준설 공사장에서 일했고 그 이후에는 안성시청에서 죽 근무하면서 야간으로 안성산업대 토목공학과를 졸업한다. 그리고 자녀를 낳아 교육시키고 생업에 전념한다.

이런 이력은 이번 제3시집의 성격을 결정짓는다. 유년기와 성장기 내내 자연과 더불어 살아갔는데 이 나라 공업화의 현장을 보게 된 것이다. 산이 뚫리고 강의 흐름이 바뀐다. 찻길이 생기고 빌딩이 세워진다. 도시의 인구는 기하급수적으로 늘어나고 농촌의 인구는 급격히 줄어 폐교하는 초등학교가 속출한다. 이런 변화야말로 뽕밭이 짙푸른 바다가 되는 격이다. 이런 변화를 변화의 현장에서 보고 느낀 강성희 씨는 시인이 된 이후 산업화, 공업화의 현장은 차후에 얘기하기로 하고 사라지고 있는 우리네 5천 년 농경사회의 이모저모를 그리기로 마음먹는다. 내가 아니면 이 이야기를 후세에 누가 전해줄 것인가. 바로 이런 사명감으로 쓴 시들이 이번 시집을 수놓고 있다.

  시인이 참으로 안타깝게 여기고 있는 것이 고향 마을에 아이들이 없다는 것이다. 동네방네 아이들 노는 소리가 왁자지껄했는데 지금은 시골 어딜 가나 아이들이 없다.

      청군 백군 500명이 달린다

      100명이 달린다

      전교생 10명이 소꿉놀이

      풀들의 소꿉놀이
                                       –「모교 운동장」 전문

  이 시가 과장인 것 같지만 실제 그렇다. 서울과 경기도는 매년 인구가 늘고 다른 지역은 인구가 줄고 있다. 30~40년 전만 하더라고 각 지방 초등학교 운동회는 그 마을의 잔칫날이었다. 온 마을 사람들이 운동장에 모여서 구경하고 응원하고 점심을 같이 먹었다. 그런데 지금은 폐교하는 학교가 속출하고 있다. 500명이 다니던 학교는 오전반과 오후반으로 나눠 2부제 수업을 했는데 지금은 전교생이 10명이다. 이 학교는 그래도 학생이 10명이라도 있으니 다행이라고 해야 할까. 동네 놀이터와 학교 운동장에도 노는 아이들이 없어서 "살아있는 조형물/ 구붓이 앉아 있는 노인"(「놀이터 2」)을 볼 때나 "아이 낳기 싫어하는/ 아이가 짐이 되는 사회"(「아이들 웃음소리」)를 생각할 때나 가슴이 많이 아픈 것이다. 지금 인구가 유지되려면 두 사람이 결혼해 2명을 낳아야 하는데 0.65에서 0.6으로 가고 있다고 한다. 2가 0.6이 되고 있으니 나중에 국방의 의무는 누가 할 것인지 그 걱정부터 된다. 시인의 이런 걱정이 집약된 시가 있다.

활처럼 치솟은 개나리 가지 위
마주 보고 내려앉은 참새 두 마리
불어오는 산들바람에 갸우뚱갸우뚱
이내 몸을 붙이고 어우렁그네

날개 접고 나는 허공
마주 보는 눈빛에 달아오른 몸
그네 밀어주는 바람을 핑계 삼아
폴짝폴짝 꽁지 위로 오르락내리락

빈집이 는다는데

학교가 없어진다는데

몸집은 작아도 짹짹거리며 알은 잘 낳는다는 참새

올해도 참새 학교는 만원이겠다

— 「어우렁그네」 전문

어느 민속화가가 그린 그림에 나와 있듯이 어우렁그네는 두 사람이 마주 올라타고 뛰는 그네다. 시인은 어느 날 참새가 날아와 "폴짝폴짝 꽁지 위로 오르락내리락"하는 것을 보고 예전에 동네 아이들이 그네 타고 놀던 것을 회상한다.

지금 그런 광경은 어디에서도 볼 수 없다. 참으로 가슴 아픈 일이다. "빈집이 는다는데/ 학교가 없어진다는데" 과연 경제발전과 국토개발이 우리에게 행복을 가져다준 것일까? 올해도 참새 학교만 만원이고 인간의 학교는 텅텅 비어 있다. 다행히도 시인이 얼마 전에 외손녀를 보고 몇 편의 시를 썼다. 사람이 중년이 되면 자식이 결혼을 하고, 노년이 되면 손자·손녀의 재롱을 보는 것이야말로 인지상정이거늘 지금은 그렇지 않은 집이 흔하고 그런 집이 드물다. 노년기에 접어들면 사람 사는 재미가 바로 여기에 있거늘!

    백일이 지난 아이의 웃는 소리
    옹알이에 장단 맞추며
    아이의 재롱에 빠진 할미

    할아버지 배에 등 기대어
    까르르 까르르
    추임새를 넣는 아기

    두 손 펴 들고 으쓱으쓱
    엉덩이는 씰룩쌜룩
    아이가 되어 재롱떠는 할미

− 「재롱둥이 할미」 부분

    이런 장면이야말로 지상천국이 아닌가. 손녀의 귀여운 모습과 웃는 소리를 듣고 할머니가 즐거워서 따라 하기도 하고 한술 더 떠 재롱을 떠니 할아버지는 완전히 녹는다. "두 재롱을 흐뭇하게 바라보는 딸내미"와 "아이를 추스르며/ 너털웃음을 터트리는 아빠"를 묶는 끈이 바로 가족애다. 우리 농경사회를 지탱케 했던 것이 바로 가족애였다. 또한 이웃 사랑이었다. 즐거운 집안 풍경을 한 번 더 들여다보자.

    위잉~ 윙, 솟구치는 믹서기
    후드득 흩뿌려지는 토마토 조각들

    한가득 채워 넣은 컵
    투둑 툭, 버튼을 누르자마자
    기다렸다는 듯 회오리치며 솟아오른다

    엄마야, 아기 감싸안는 딸내미
    이기 뭐꼬, 벌러덩 나자빠지는 마누라
    이크, 식겁하여 코드 뽑는 사위
    키득키득, 신난다

미끄럼 타며 쭉쭉 핥아먹는 손주 녀석
　　허허허, 잔치판 제대로 벌였네

　　봐라, 부착이 제대로 안 됐잖아
　　휘둥그레 딸내미 바라보는 사위
　　천장부터 바닥까지 토마토 세상
　　머리 얼굴 온몸이 울긋불긋

　　헤헤헤, 함지박만 하게 벌어진 입
　　믹서기가 배꼽을 잡고 나뒹군다
　　　　　　　　　　　　　　－「토마토 잔치판」 전문

　약간의 사고가 났다. 토마토를 넣고 믹서기를 돌렸는데 토마토가 믹서기를 박차고 나와 사방으로 흩뿌려진 것이다. 화자의 아내와 딸과 사위는 기겁을 했지만 손주는 신이 났다. 미끄럼 타며 쭉쭉 핥아먹고 있으니 작은 소동이 벌어졌다. "천장부터 바닥까지 토마토 세상"이 되고 말았고 "머리 얼굴 온몸이 울긋불긋"해졌다. 제일 마지막 연이 절묘하다. 사람들 세상은 한바탕 소동이 벌어졌는데 믹서기는 입을 함지박만 하게 벌이고서 배꼽을 잡고 나뒹굴고 있다.

　사람 사는 세상의 재미는 이런 데 있는 것이다. 이 시 이후에 시인은 독자를 타임머신에 태우고 자신의 어린 시절로 데리고 간다. 지금도 이런 풍경을 볼 수 있는지 모르겠지만 쉽게 볼 수는 없을 것이다. 게다가 소도시 김천에서 어린 시절을 보낸 해설자는 이런 광경이 낯설고 경이롭다. 5천 년을 이어온 우리네 삶의 모습, 자연의 모습이 60년 만에 파괴되고 만 것에 대한 시인의 안타까움이 절절히 느껴진다. 박정희는 국가재건최고회의 의장 시절에 제1차 경제개발 5개년 계획에 돌입한다. 그 덕에 대통령이 되었던 것이다.

    말긋말긋 동그란 눈
    아기 버들치 두 마리

    서릿바람에 오들오들
    물풀로 숨어들고

    두 팔 펼치는 살얼음
    온몸으로 물낯을 감싼다

    된 바람세 잦아들고
    포근한 햇살이 퍼지자
    〈

맑은 거울에 비치는 낮달을

톡톡 하얗게 쫀다

— 「얼음 거울」 전문

  요즘엔 맑은 시냇물도 보기 힘들고 겨울에 얼음을 지치고 있는 아이들도 보기 힘들다. 살얼음이 내린 시내가 "얼음 거울"이라고 하니 그 맑음과 청량함과 시원함이 한꺼번에 느껴진다. 이런 깨끗한 세상이 다 어디로 갔는가! 그리고 이번 시집에는 농경사회의 이모저모가 아주 맛깔스럽게 펼쳐지고 있다.

말뚝 대가리가 뭉그러지도록 방아를 찧어대자

애기 고추 어른 고추 축 늘어진 희나리까지

온 밭에 고추가 덩달아 불끈불끈

방아깨비보다 빠르게 방아를 찧는다

— 「고추 방아」 제4연

바람쟁이 꼬마 신랑 꿀벌들

숯검정으로 분장한 호박벌 찾아오고

살랑거리는 호랑나비의 날갯짓

말쑥한 숲속의 신사 산제비나비에

> 온몸으로 불태운 꽃의 시절
>
> －「호박고지」 제2연

　온갖 종류의 채소와 작물, 곤충과 꽃과 더불어 그 시절 사람들은 살아갔다. 반찬거리로 뭐 특별한 것도 없었고 유별난 재료도 없었다. 우리는 모두 자연 속에서 자연과 더불어 살아갔던 것이다. 음식도 그 시절에는 모든 게 자연산이었다. 들에 있는 것을 따다가, 뽑아다가 먹으면 되었다.

> 뻘쭘하니 쭈뼛쭈뼛한 콩나물무침
> 살짝 데쳐 쌉싸래한 오가피나물
> 겨우내 항아리에서 득도한 묵은지 볶음
> 가을볕에 꾸덕꾸덕 말려 둔 가지나물, 호박오가리
>
> －「양푼으로 비벼요」 제2연

> 노각 숭숭 썰어 벌겋게 버무린 양푼
> 삶은 애호박 무칠 때도
> 가지를 무칠 때도
> 얼굴보다 커지는 아내의 밥그릇
>
> －「부부의 밥상 2」 제1연

지금 이런 먹거리는 우리가 몸에 좋은 건강식품이라 생각하고 있는, '귀한' 것이 되고 말았다. 집 앞 텃밭에서 자라고 있는 것들이 우리들의 식량이었던 시절이 어느새 가버려 이런 것들을 비싼 값을 주고 사 먹게 되었는데 이것이 과연 발전인지 시인은 독자에게 묻고 있다. 농경사회의 모습은 「고추 방아」, 「씨 뿌리는 강아지」, 「밤고구마」 등 여러 편에서 계속 이어지는데, 이 정도로 감상을 줄이고 지금 이 시대를 노래한 시를 몇 편 살펴보도록 하자.

'톡톡'
스마트 주문 완료

'띵동'
빛의 속도로 배달

한입에 꿀꺽
두 손 가득 쏟아내는 쓰레기

소파에 앉아
스마트 키를 누른다
〈

편한 만큼 쌓여가는 일회용품

비닐 플라스틱 스티로폼 뽁뽁이

- 「스마트 배달」 전문

우리의 일상생활이 편리해졌다고 마냥 좋아할 일이 아니다. '신속'과 '정확'이 좋긴 한데 이 많은 쓰레기를 어떻게 할 것인가. 쓰레기의 산, 쓰레기의 섬이 지구 도처에 생겨나고 있다. 벌과 나비는 보기도 어렵고 가금류와 조류가 엄청난 수난을 겪었는데 이제는 어류까지 피해를 크게 입고 있다. 연평도 조기, 울릉도 오징어가 다 옛날이 되고 말았다. 우리는 지금 쓰레기 생산 비용과 쓰레기 처리 비용까지 부담해야 한다. 물가는 내려가는 법이 없이 치솟기만 하는데 정치가들은 입에 붙은 말이 '서민경제'와 '물가안정'과 '민생해결'이다. 에라잇!

뼛속을 비워 하늘을 나는 새

주머니를 비워 가벼워지는 장바구니

내려올 줄 모르는 물가

날개를 달았다

〈

63빌딩 전망대 240m

　　가볍게 넘어서고

　　롯데월드타워 전망대 500m

　　곧 따라잡을 테야

　　나는 새도 떨어뜨린다는 전설의 활잡이

　　나는 물가도 쏘아 떨어뜨렸으면

　　　　　　　　　　　　　　-「물가」 전문

　이런 시를 보면 강성희 시인은 과거도 성찰하고 복원할 줄 알지만 현재도 비판하고 풍자할 줄 아는 시인이다. 그리고 미래도 예측하고 고민할 줄 아는 시인이다.「스마트 키」같은 시를 보면 시 전체가 반어(아이러니)요 역설(패러독스)이다. "역시 AI/ 스마트 키가 최고야"라는 시구에 담겨 있는 시인의 고소苦笑를 놓치면 안 된다. 이번 여름은 단군의 역사 이래 가장 더운 여름이었는데 시인의 '울화병'이 어디서 온 것인지 눈치채야 한다. 날씨가 덥기 때문만은 아님을 이 나라 사람이라면 다 알 것이다.

　　밖에는 열병

실내는 냉방병
　　　가슴은 울화병

　　　에어컨 돌아가는 만큼
　　　실외기가 쏟아내는 열기
　　　골목길은 짜증의 도가니

　　　밤이 되어도 식지 않는 불기둥
　　　이리 뒤척 저리 뒤척
　　　애꿎은 냉장고만 기웃기웃

　　　까짓것 화끈하게 엉덩이 내어주자
　　　그래 봤자 열 대야 열 대,
　　　열흘 지나면 말복이야
　　　　　　　　　　　　　　 －「열대야」 전문

　시인은 여기까지 참아왔으니 더 좀 참아보자고 말한다. 열 대만 맞으면 좋은 날이 또 올 거라는 희망을 가져보자고 은근히 말한다. 이런 시를 쓰는 데는 대단한 용기를 필요한데 거침없이 쓰는 시인의 용기가 부럽다. 시인은 공무원 생활을 오래 했기에 일제강점기를 겪은 이후 지금까지도 되찾

지 않고 있는 정겨운 옛 마을의 이름을 하나하나 불러보기
도 한다.

   돌바위골 동막골 새재 웃돌파지 갈뫼기 개모퉁이
   선바위 웃까막골 웃사슴골 부엉이골 검은배 꽃밭

   소나무골 대나무골 오동나무골 버드나무골 밤골 매화
골 복숭아골
   맑은 샘골 구름골 꽃동네 별빛마을 선비골 용머리 삼
밭 진밭

   윗동네 아랫동네 앞동네 뒷동네
   정겨운 이름들

   석암 동막 조령 상석파 간목 가협
   입암 상현동 상록동 봉안동 현수동 발화동

   송산리 죽산리 오산리 가유리 율곡리 매산리 도곡리
   옥정리 한운리 방초리 성은리 필산리 용두리 마전리 이
전리
   〈

하마 근엄하신 행정 명칭들

— 「돌바위골」 전문

 석암을 돌바위골로 쓰면 무식한 것이가? 촌스러운 것인가? 시인은 정겨운 우리 이름을 버리고 "하마 근엄하신 행정 명칭들"을 쓰고 있는 정부에게 이렇게 쓴소리를 하고 있다. 아마도 공무원 생활을 오래 하면서 대놓고 말을 하지 못하다가 시인으로 살아가면서 이렇게 일갈하게 된 것이리라. 이제 40년 해로를 하고 있는 분을 '마누라'로, 그리고 '아내'로 부르면서 쓴 시를 2편 살펴볼까 한다.

무쇠 솥에 눌어붙은 누룽지
양철 판에 탁탁 벌어지는 콩
바삭하게 볶은 멸치
파근파근한 밤고구마

탁구공처럼 통통 튀어 오르는 아이들

번들거리는 머리에
눈 폭탄까지 맞고 나니
부드러운 게 좋아

〈

삶은 콩

물고구마

말씨도 마누라도

　　　　　－「부드러운 게 좋아」 전문

  제1연은 각박했던 삶을 얘기하고 있다. 가난했지만 정을 나누면서 살아왔던 지난날을 이와 같이 회상하고 있다. 그렇게 살면서 아이들이 태어났고 아이들은 탁구공처럼 통통 튀어 오르곤 했다. 제3연은 세월과 세파를 상징하는 표현이다. 부부생활 40년, 산전수전 다 겪고 보니 삶은 콩도 물고구마도 말씨도 마누라도 부드러운 게 좋더라, 맞는 말씀이다. 내가 알기로 시인의 부인은 서예가다. 뵙지는 못했지만 서예 작품은 본 적이 있다. 대단한 실력을 갖춘 분이라서 깜짝 놀랐었다.

　　서실에 날아든 학 한 마리

　　십 년 되어서야

　　손에 힘이 빠졌다는 아내

　　〈

> 사십 년 곧추세운 허리
> 몸으로 끌고 다니는 붓
>
> 들판을 휘감는 날갯짓
> 비행운처럼 화선지에 피어나는 획
>
> – 「몸으로 쓰다」 전문

  이 시는 아내에게 바치는 헌시다. 이 시가 참으로 눈물겨운 것은, "사십 년 곧추세운 허리/ 몸으로 끌고 다니는 붓"이 상징하는 '고생'에 있기도 하지만 "제일 좋은 날/ 항암치료 후 완치 판정받는 날"(「제일 좋은 날」)에 담겨 있는 '고통'의 뜻을 조금은 알고 있기 때문이다. 앞으로 50년을 해로하시고, 말 그대로 백년해로하기를 빌고 또 빈다.

  내가 알고 있기로, 시인은 제4시집 쓰기에 이미 착수했다고 한다. 이렇게 부지런한 시인을 본받아 나도 부지런히 시를 써야겠다. 시의 후반부에 실려 있는 시에 대한 감상은 독자의 몫으로 돌리고 해설 쓰기를 여기서 멈추기로 하겠다.

미네르바 시선 081

부드러운 게 좋아

초판 1쇄 발행 2024년 11월 20일

지 은 이 강성희
펴 낸 이 한춘희
펴 낸 곳 지성의 상상 미네르바
등록번호 제300-2017-91호
등록일자 2017. 6. 29.
주　　소 03131 서울특별시 종로구 율곡로 6길 36, 월드오피스텔 802호
전　　화 02-745-4530
전자우편 minerva21@hanmail.net

ISBN 979-11-89298-72-2 (03810)

값 12,000원

* 이 책은 전부 또는 일부 내용을 재사용하려면 반드시 저작권자와 미네르바의 동의를 받아야 합니다.
* 이 도서의 국립중앙도서관 출판시도서목록은 서지정보유통지원시스템 홈페이지 (http://seoji.nl.go.kr)와 국가자료공동목록시스템(http://www.nl.go.kr/kolisnet) 에서 이용하실 수 있습니다.